# BEI GRIN MACHT SICH IHR WISSEN BEZAHLT

**Jennifer von Burg**

# Organisation in der BWL. Aufbau, Abläufe, Projekte

**Überblick Vorlesung 3. Semester BWL**

GRIN Verlag

**Bibliografische Information der Deutschen Nationalbibliothek:**

Die Deutsche Bibliothek verzeichnet diese Publikation in der Deutschen National-
bibliografie; detaillierte bibliografische Daten sind im Internet über http://dnb.d-
nb.de/ abrufbar.

Dieses Werk sowie alle darin enthaltenen einzelnen Beiträge und Abbildungen
sind urheberrechtlich geschützt. Jede Verwertung, die nicht ausdrücklich vom
Urheberrechtsschutz zugelassen ist, bedarf der vorherigen Zustimmung des Verla-
ges. Das gilt insbesondere für Vervielfältigungen, Bearbeitungen, Übersetzungen,
Mikroverfilmungen, Auswertungen durch Datenbanken und für die Einspeicherung
und Verarbeitung in elektronische Systeme. Alle Rechte, auch die des auszugsweisen
Nachdrucks, der fotomechanischen Wiedergabe (einschließlich Mikrokopie) sowie
der Auswertung durch Datenbanken oder ähnliche Einrichtungen, vorbehalten.

**Impressum:**

Copyright © 2013 GRIN Verlag GmbH
Druck und Bindung: Books on Demand GmbH, Norderstedt Germany
ISBN: 978-3-656-84958-2

**Dieses Buch bei GRIN:**

http://www.grin.com/de/e-book/284640/organisation-in-der-bwl-aufbau-ablaeufe-
projekte

## GRIN - Your knowledge has value

Der GRIN Verlag publiziert seit 1998 wissenschaftliche Arbeiten von Studenten, Hochschullehrern und anderen Akademikern als eBook und gedrucktes Buch. Die Verlagswebsite www.grin.com ist die ideale Plattform zur Veröffentlichung von Hausarbeiten, Abschlussarbeiten, wissenschaftlichen Aufsätzen, Dissertationen und Fachbüchern.

## Besuchen Sie uns im Internet:

http://www.grin.com/

http://www.facebook.com/grincom

http://www.twitter.com/grin_com

# Organisation

! Kontrollfragen immer lösen !

**Was** ist Organisation?
- Aufbau & Ablauf (Stellenprofile, Arbeitsprozesse; wer macht was?)

**Wer** gestaltet Organisation?
- jeder. Unternehmensführung (Management) gestaltet die Orga und sie wird
dann durch die Führungsebenen nach unten getragen

**Wo** gibt es Organisation?
- überall

**Wie** erfolgt die Organisation?
- Vor- und Nachteile abwägen, um eine möglichst hohe Effizienz zu erreichen

**Warum** beschäftigt man sich mit Organisation?
- Um die Arbeit effizienter zu gestalten

Was ist das **größte Problem** der Organisation?
- Der Mensch an sich (nicht jeder befolgt die Abläufe)

→ Organisation kommt wegen der Aufgabenkomplexität. Dies führte zu
Aufgabenteilung & Spezialisierung. Bestimmte Bereiche müssen organisiert
werden.

- Effizienzdefizite zwischen der Planung und Umsetzung:
    - Nichtwissen
    - Nichtwollen (muss durch Anreize überwunden werden)

- Effektivität (Zielverfolgung): die richtigen Ziele werden verfolgt

- Effizienz (Mitteleinsatz): die richtigen Mittel werden eingesetzt

- Ziele: beabsichtigte Zukünfte, auf die hingearbeitet werden

- Unterorganisation (wenn zu wenig organisiert wird): Regeln existieren
  nicht & führen zur Verunsicherung bei den Mitarbeitern. Willkür ist die
  Folge

- Überorganisation (wenn zu viel organisiert wird): Flexibilitätsverlust &
  Entindividualisierung

- Organisationsbegriff:
    - Institutionell:

*Ein Unternehmen ist eine Organisation*
- o Funktional:
  *Ein Unternehmen wird organisiert*

- o Instrumental:
  *Ein Unternehmen hat eine Organisation* (die unterschiedlichen Instrumente)

- Formale und informale Regeln (Eisbergmodell):
  - o Formale Regeln:
    - Planung, Organigramme, Stellenbeschreibung, Richtlinien
  - o Informale Regeln:
    - Machtverteilung, persönliche Beziehungen, Werte, Einstellungen, Bedürfnisse, Erwartungen, Motivation (→ bei jedem individuell, daher machen die informalen Regeln auch einen Großteil der Organisation aus)

  → Organisatorische Effizienz bildet eine Formale Gruppe, die funktioniert wie das Einliniensystem; Weisungen kommen nur durch die Vorgesetzten
  → Individuelle Bedürfnisse bilden eine Informale Gruppe, die funktioniert so, dass jeder sich mit jedem austauscht. (Bilden sich aufgrund von denselben Interessen/ Hobbies)

- Ziele der Organisationsgestaltung:
  Die Ziele müssen aus 3 unterschiedlichen Perspektiven betrachtet werden. Die unterschiedlichen Ziele führen zu Zielkonflikten, für die ein optimaler Kompromiss gefunden werden muss (→ Abhängig von den existierenden Machtverhältnissen und dem Ergebnis unternehmensinterner Aushandlungsprozessen)
  → Der Idealfall weicht eigentlich immer von der Realität ab
  - o Management
    - Kosten, Produktivität, geringe Fehlerquote, Kundenzufriedenheit, Innovationsrate, Verordnungen (Management instruiert dementsprechend)
  - o Kunden
    - Preise, Qualität, Reaktionszeit auf Anfragen, Transparenz, Flexibilität, Erreichbarkeit
  - o Mitarbeiter
    - Aufgaben, Arbeitsmittel & -umgebung, Arbeitsplatzsicherheit, Löhne/ Gehälter, Arbeitsklima, Entwicklungsmöglichkeiten
    - 
- Steigerung von Effizienz und Effektivität:

→ Aufgabe & Wirkung: Effektivität (Zielverfolgung)
→ Ressourceneinsatz, Leistungserstellung & Leistung: Effizienz
(Mitteleinsatz)

- <u>Produktivität:</u> nicht monetär, bezieht sich auf die Absatzmenge
- <u>Rentabilität:</u> monetär, bezieht sich auf das eingesetzte Kapital
- <u>Wirtschaftlichkeit:</u> monetär, bezieht sich auf den Umsatz

- <u>Aufbauorganisation:</u>
  - o Gliederung des Unternehmens in einzelne Orgaeinheiten
  - o Zuordnung von Aufgaben und Befugnissen

  →Ziel: *Regelungen zu treffen, nach welchen Kriterien
  Organisationseinheiten gebildet, hierarchisch geordnet und auf ein
  gemeinsames Ziel koordiniert werden sollen.*
  - o **Spezialisierung**
  - o **Koordination**
  - o **Leitungssystem**:
  - o **Entscheidungsdelegation**

→ **ERLÄUTERUNG DER EINZELNEN SEGMENTE DER AUFBAUORGANISATION**

- **SPEZIALISIERUNG:**
  - ▪ Je mehr Aufgaben (und je komplexer) in einem
    Unternehmen, umso wichtiger ist es, diese auf vers.
    organisatorische Einheiten zu verteilen.
  - ▪ Abteilung= organisatorische Einheit mit mehr als einer Stelle
  - ▪ Aufteilung der Arbeit ist zentraler Bestandteil der
    Aufbauorganisation. → entweder *Mengenteilung*
    (festgelegte Menge gleichartiger Aufgaben) oder
    *Artteilung* ( = Spezialisierung):
    - • <u>Spezialisierung nach Verrichtung oder Funktionen:</u>
      - o gleiche oder verwandte Aufgaben an eine
        Organisationseinheit (marketingrelevante
        Aufgaben in der Marketingabteilung)
    - • <u>Spezialisierung nach Objekten:</u>
      - o Aufgaben, die dieselben Objekte betreffen
        (Kundengruppe, Prozessarten, Lieferanten
        oder Regionen)
    - • <u>Spezialisierung nach Rang:</u>
      - o Aufgabenverteilung, je nachdem ob
        ausführende oder dispositive (leitende,
        planende oder steuernde) Tätigkeiten.

- o ausführend: Linienstelle
- o dispositiv: Leitungsstelle
- **Spezialisierung nach Phase:**
  - o unterscheidet nach den Ausführungsschritten (Planung, Entscheidung, Durchführung, Kontrolle)
- **Spezialisierung nach Zweckbeziehung:**
  - o alle unmittelbar mit der Leistungserstellung verbundenen Aufgaben (Zweckaufgaben)
  - o alle mittelbaren (Leistungserstellung unterstützende) Aufgaben (Verwaltungsaufgaben)
- Spezialisierung muss innerhalb des Unternehmens nicht durchgängig nach dem gleichen Kriterium erfolgen. →Unternehmensleitung nach funktionalen Kriterien (Entwicklung, Einkauf, Vertrieb) gegliedert. Vertriebseinheit nach geographischen Gebieten (Nord, Süd). Vertriebsgebiet nach Kundengruppe (Firmenkunden, Privatkunden)
- **Vorteile:**
  - o Hohe Ergebnisqualität
  - o Hohe Arbeitsproduktivität
  - o zunehmende Wirtschaftlichkeit
- **Nachteile:**
  - o steigender, bereichsübergreifender Koordinationsaufwand
  - o Gefahr unklarer Verantwortlichkeiten
  - o Geringe Flexibilität bei sich schnell ändernden Anforderungen
  - o Hohe Personalkosten mit steigender Mitarbeiterqualifikation (Spezialisten)
- Die Entscheidung ob Spezialisierung hängt von der Unternehmenssituation ab → bei sich häufig ändernden Anforderung führ hohe Spez. tendenziell zu hohen Kosten und Reibungsverlusten.
- **Stellenarten:**
  - o Linienstellen:
    - unmittelbar mit der Ausführung von betriebl. Kernaufgaben vertraut
    - *Leitungsstellen*: Entscheidungs- und Weisungskompetenzen, Verantwortung für gefällte Entscheidungen

- - *Ausführungsstellen*: keine Leitungskompetenzen, wenn Entscheidungskompetenz dann nur auf Aufgaben des eigenen Verantwortungsbereiches
  - ○ Unterstützende Stellen:
    - *Stabsstellen:* → Kompetenz im Sammeln, Aufbereiten und Weitergeben von Informationen. beratende Funktion
      - ○ *Generalisierte Stabsstellen*: unterstützen eine bestimmte Leitungsstelle bei den Führungsaufgaben. → Assistenzstellen
      - ○ *Spezialisierte Stabsstellen:* unterstützen eine oder mehrere Leitungsstellen in speziellen Führungsaufgaben (Überwachen und Steuern von Unternehmenseinheiten, Planen von Unternehmenskäufen)
    - *Dienstleistungsstellen:* haben Unterstützungsaufg.
      - ○ *zentral anfallende Aufgaben*, wie Kommunikation oder Öffentlichkeitsarbeit
      - ○ *hoheitliche Aufgaben,* wie Controlling (bereichsübergreifende Koordination & Steuerung)
      - ○ *unternehmensweit anfallende Aufgaben*

- **Shared Services:**
  gleichnamige Prozesse aus verschiedenen Bereiche eines Unternehmens werden organisatorisch zusammengefügt und von einer zentralen Dienstleistungseinheit angeboten.

  ≠ **Outsourcing**, denn wird trotzdem noch vom Unternehmen (aus einem anderen Standort) gemacht → best. Leistungen „auslagern"
  z.B.:    - FiBu
           - Kostenrechnug
           - Reisemangament

  - ○ **eignet sich für Prozesse die:**
    - geografisch nicht zur Nähe an den Leistungsempfänger gebunden sind
    - keine regionale Besonderheiten haben

- weitgehend standardisierbar sind
  - o **Chancen:**
    - bessere Konzentration auf Kernkompetenzen
    - hohe Prozesseffizienz
    - geringere Fehlerrate
    - verbesserte Servicequalität
  - o **Risiken:**
    - verschlechterte Kundennähe
    - erhöhter Koordinationsaufwand
- Bei der Abteilungsbildungen sind 2 Sachen zu beachten:
  - o <u>Homogenitätsprinzip:</u> Nur Stellen zu Abteilungen zusammenfassen, die bezüglich der Aufgaben relativ ähnlich sind und eine starke gegenseitige Abhängigkeit vorweisen
  - o <u>Beherrschungsprinzip:</u> Nur so viele Stellen zu Abteilungen zusammenfügen, wie die Abteilungsleitung „beherrschen" kann. (→ keine permanente Überlastung der Leitungsstelle)
- **KOORDINATION:**
  - ▪ einzelne Einheiten sollen mit- und nicht nebeneinander arbeiten, deshalb bedürfen die Prozesse einer guten Koordination →entsteht aus der Spezialisierung
    *→ Ziele und Aktivitäten der Einheiten müssen zeitlich und inhaltlich auf die gemeinsamen Ziele abgestimmt werden.*
  - ▪ **Wichtige Instrumente der innerbetriebl. Koordination:**
    - <u>Koordination durch persönliche Weisungen:</u>
      (Leitungsstelle gibt Weisungen an die ihr direkt unterstellten Orga.einheiten. → vertikale Koordination)
      + leicht zu gestalten
      + flexible Koordination

      - hohe Qualifikation der koordinierenden Leitungsstellen erforderlich

      - Leitungsstellen sind aufgrund anderer Führungsaufgaben nicht immer in der Lage, alles zu koordinieren.

- Koordination durch Selbstbestimmung:
(horizontale Koordination; wenn Verbesserung der
Flexibilität wichtig ist)
  - *Selbstabstimmung*:
    in Eigeninitiative mit anderen Einheiten
    zu koordinieren.
  - *themenspezifische Selbstabstimmung*:
    Koordinationsbedarf liegt nicht mehr im
    persönlichen Ermessen, sondern ist
    festgelegt
  - *institutionalisierte Selbstabstimmung*:
    Abstimmung durch Gremien,
    Ausschüsse, Komitees.

  + Entlastet Leitungsstellen
  + reduziert vertikale Kommunikation entlang der
    Dienstwege
  + mehr Eigenverantwortung; Motivation


  - relativ hoher Zeitbedarf

  - Einzel-/ Bereichsinteressen können gegenüber
    übergeordneter Interessen dominieren.
- Koordination durch Verfahrensrichtlinien und
Standards:
(bei häufig wiederkehrenden, ähnlichen
Aufgabenstellungen, Verfahrensrichtlinien sind
entweder als unverbindlicher Vorschlag oder als
verbindliche Anweisung formuliert; wurden je nach
BEST PRACTICE formuliert)
  + verbessert die Arbeitseffizienz
  + erhöht die Ergebnisqualität
  + reduziert horizontalen und vertikalen
    Abstimmungsbedarf
  + Entlastet Leitungsstellen


  - erhöht Gefahr unnötiger Bürokratisierung

  - Flexibilität für situationsspezifische Lösungen
    geht verloren.
  - Verlust von Eigeninitiative & Motivation

- Koordination durch Ziele und Pläne:
  (Klar formulierte Ziele vermitteln Orientierung und erleichtern Entscheidungen)
  → Teilpläne um die unters. Planungsebenen (strategisch, taktisch, operativ) aufeinander abzustimmen.
  - + hohe Transparenz bezügl. der Leistungserwartungen bei den betroffenen Orga.Einheiten
  - + sichern hohe Effektivität & Effizienz
  - + ermöglichen systematische Überwachung & Steuerung des betriebl. Geschehens durch Plan-Ist-Vergleiche

  - - Vorauskoordination ist mit hohem Zeit- & Kostenaufwand verbunden

- Koordination durch unternehmensinterne Märkte:
  - + fördert effiziente Leistungserbringung
  - + gute Kosten- und Leistungstransparenz
  - + entlastet die oberen Leitungsebenen von Koordinationsaufgaben

  - - hoher Aufwand für das Aushandeln und Überprüfen der Verrechnungspreise

  - - fördert Bereichsegosimen durch die Einführung marktwirtschaftlicher Koordinationsprinzipien.

  - - Vergleichbarkeit mit den am externen Markt angebotenen Leistungen ist nicht immer gegeben.

- Koordination durch Unternehmenskultur:
  (kann auch durch ausgeprägte Unternehmenskultur koordiniert werden
  → mehrheitlich akzeptierte & verinnerlichte Werte und Normen der Beschäftigten
  - + verdeutlicht die Notwendigkeit bestimmter Handlungsmuster
  - + effiziente Koordination auch in komplexen & mehrdeutigen Situationen.

- nur bedingt direkt gestalt- bzw. steuerbares Koordinationsinstrument

- Entwicklung einer ausgeprägten Unternehmenskultur erfordert hohen Zeit- und Kostenaufwand

- **LEITUNGSSYSTEM:**
  - Abteilungen werden durch das Zusammenfügen von Stellen zu größeren Einheiten gebildet. → Mehrstufiges Stellengefüge mit über-, unter & nebengeordneten Organisationseinheiten.
  - Einzelne Leitungsebene hat unterschiedliche Führungsaufgaben:
    - Oberste Leitungsebene: Grundsatzentscheidungen wie Unternehmensziele, Ents. Zum Aufbau, Festlegung der organisatorischen Grundstruktur (Ents. Die für die Zukunft des Unternehmens wichtig sind)
    - Mittlere Leitungsebene: konkretisiert die Ziele und Strategien der obersten Ebene für den jeweiligen Verantwortungsbereich & überwacht die Ausführung
    - Untere Leitungsebene: setzt die Maßnahmen des mittleren Managements um & kommuniziert an die ausführende Ebene

    → Hierarchie entsteht

  - Je mehr Leitungsebenen, desto:      (je steiler die Pyramide)
    - Mehre/ höhere Kosten
    - Längere Kommunikationswege
    - Mehr Schnittstellen
    - Bessere Wahrnehmung der einzelnen Aufgaben
  - Je weniger Leitungsebenen, desto:
    - Schnellere Kommunikation
    - Weniger Kontroll- und Steuerungsinstanzen
    - Schnellere Reaktion
    - mehr Aufgaben- & Verantwortungsbereiche für die Leitung
  - Anzahl der Leitungsebenen für eine effiziente Führung hängt davon ab, wie viele Stellen einer Leitungsstelle direkt unterstellt sind (Leitungsspanne)
    → je größer Leitungsspanne, desto weniger Leitungsebenen

- 3 Grundformen für Informations- und Entscheidungswege:
  - Einliniensystem: jede in der Hierarchie nachgeordnete Stelle kann nur von der direkt übergeordneten Stelle Weisungen erhalten (oben nach unten) Informationsfluss ist auch gegenströmig.
    - Vorteile: klare Weisungsstrukturen, gute Kontrolle, Überschaubarkeit, eindeutige Verantwortliche
    - Nachteile: hohe Belastung der Leitstellen mit Weisungsaufgaben, lange Informationswege, Abhängigkeit nachgeordneter Stellen von der Autorität der Leitungsstelle
  - Stab-Linien-System: jede Leitungsstelle hat zugeordnete Stabsstellen (unterstützende Funktion) → abhängig von den fachlichen und sozialen Kompetenzen.
    - Vorteile: Klare Verteilung der Zuständigkeiten & Kompetenzen, Quantitative und Qualitative Entlastung der Leitungsstellen
    - Nachteile: Stabsstellen erzeugen Kosten, Wertschöpfungsbeitrag von Stäben kann gering sein, Konfliktpotenzial (zu viele Beteiligte an einer Entscheidung)
  - Mehrliniensystem: eine Stelle erhält von verschiedenen (unterschiedlich **spezialisierten**) Leitungsstellen Weisungen
    - Vorteile: Hohe Qualität der Führungsents. Durch fachliche Leitungsstellen, kurze Informations- und Entscheidungswege wegen direkter Kommunikation
    - Nachteile: Gefahr von Kompetenzstreitigkeiten durch unscharfe Zuordnung von Aufgaben/ Zuständigkeiten, Gefahr widersprüchlicher Weisungen, Gefahr eines hohen Koordinationsaufwands zwischen Leitungsstellen

- **ENTSCHEIDUNGSDELEGATION:**
  - regelt welche Entscheidungsbefugnisse in welchem Umfang von der Unternehmensspitze auf nachgeordnete Leitungs- und/oder Ausführungsstellen verteilt werden sollen.

- **Eigenentscheidungskompetenzen:**
  das Recht einer Stelle, innerhalb des eigenen
  Arbeitsbereiches verbindliche Entscheidungen zu
  fällen.
- **Fremdentscheidungskompetenzen:**
  Recht einer Stelle, für andere Stellen verbindliche
  Entscheidungen zu fällen (ist Leitungsstellen
  vorbehalten)
- **Zentralisierung:** Entscheidungsbefugnisse erstrecken
  sich von der *völligen Zentralisierung aller Befugnisse
  auf der obersten Leitungsebene* über *zahlreiche
  Zwischenstufen* bis hin zur *völligen Dezentralisierung
  von Befugnissen auf nachgelagerte Leitungsebenen.*

  + Chance hoher Kompatibilität von Ents.
  + reduziert Kompetenzkonflikte (klare
    Unterstellungsverhältnisse)
  + hohe Transparenz aller Entscheidungen
  + effizienter Einsatz von Spezialisten
  + Chance für schnelle und kostengünstige
    Entscheidungen


  - Überlastung der obersten Leitungsstelle

  - erhöht die Gefahr qualitativ schlechter Ents.

  - demotiviert nachgeordnete Ebenen
- **Subsidiaritätsprinzip:**
  Ents. sollten nur dann bei einer zentralen Stelle sein,
  wenn dezentral die erforderlichen Qualifikationen
  oder Informationen nicht vorhanden/ verfügbar sind
  → Entlastung ranghöherer Stellen mit Ents. die auch
  nachgeordnete Stellen treffen können.
  → Mehr Motivation und immer wie mehr Spezialisten
- Entscheidungen mit kurzer zeitl. Reichweite, sowie
  häufige und ähnliche Ents. → dezentralisieren (auch
  für Ents. in marktnahen Bereichen)
- Ents. wenn die zu erwartenden Auswirkungen
  bereichsübergreifend (Finanzen, Einkauf) sind und
  die damit verbundenen Risiken groß → zentralisieren

- Verantwortung: (Dimensionen zur Konkretisierung von Verantwortung im Unternehmen)
    - **Verantwortungssubjekt**:
    Wer?
    → Einzel- & Gesamtverantwortung
    - **Verantwortungsobjekt**:
    Für was?
    Gegenstand und Reichweite der Verantwortung (Handlungs-, Ergebnisverantwortung)
    (Reichweite: entweder Eigenverantwortung oder Fremdverantwortung)
    - **Verantwortungsinstanz**:
    Gegenüber wem?
    die Instanz gegenüber welcher ein Verantwortungssubjekt rechenschaftspflichtig ist.
    (eigenes Gewissen, Vorgesetzter, moralisches Prinzip oder Wertesystem, Gerichte)
    - **Beurteilungskriterien**:
    Wonach beurteilt?
    Kriterien anhand derer beurteilt wird, inwieweit ein Verantwortungssubjekt seiner Rechenschaftspflicht ausreichend gerecht geworden ist.

→ BEI DER DELEGATION VON ENTSCHEIDUNGSBEFUGNISSEN IST KONGRUENZPRINZIP ZU BERÜCKSICHTIGEN: Die einer Stelle übertragenen Aufgaben, Befugnisse und Verantwortung möglichst übereinstimmen.

→ Nur dann Verantwortung wenn sie auch über die dafür notwendigen Entscheidungs-, Weisungs- oder Kontrollbefugnisse verfügt.

- Systematisierungskriterium: Spezialisierung auf der 2. Hierarchieebene (Leitungsebene)

- Schlüsselkriterium in der Aufbauorganisation: Welche Aufgaben, Befugnisse & Verantwortlichkeiten einer Organisation übertragen werden.

- Grundformen der Aufbauorganisation:
  - **Funktionale Organisation**:
    - Untergliederung nach *Funktionen* (z.B. F&E, Einkauf, Produktion, Marketing/Vertrieb, HR)
    - Einliniensystem

    - *Vorteile*:
      - hohe Effizienz (durch Zusammenfassung ähnl. Aktivitäten)
      - Klare Abgrenzung von Aufg.-/ Verantwortungsbereichen
      - hohe Fachkompetenz (durch Aufgabenspezialisierung)
      - Ressourcen: begrenzter Bedarf an fachlich spezialisierten Führungskräften
    - *Nachteile*:
      - *Hoher Koordinations- und Kommunikationsaufwand (Zeit)*
      - geringes unternehmerisches Denken und Handeln
      - eingeschränkte Kundenorientierung (fehlende Verantwortlichkeit für Gesamtprozesse)
      - hohe Belastung der Unternehmensleitung mit koordinierenden Aufgaben und operativen Entscheidungen
    - *eignet sich für* Unternehmen mit überschaubarem & weitgehend homogenem Produktprogramm in einem relativ stabilen Marktumfeld

  - **Divisionale /Spartenorgansiation:**
    - Untergliederung nach *Objekten* (Produkte, Produktgruppen, Kundengruppen, Marktregionen)
    - Einliniensystem

    - *Vorteile*:
      - Unternehmensausrichtung auf unters. Segmente (Markt, Kunden, Regionen)
      - Hohe Flexibilität (man kann schnell & gezielt Änderungen vornehmen)
      - Entlastung der Unternehmensleitung (Verlagerung von Verantwortung auf die Sparten)

- o gute Anpassungsfähigkeit
- o Motivation der Führungskräfte (Übertragung von Kompetenzen)
- o Bessere Führungskräfteentwicklung (Delegation auf 2. Hierarchiebene)
- **Nachteile:**
  - o Effizienzverlust
  - o Gefahr von Spartenegoismus und kurzfristiger Gewinnorientierung
  - o Erhöhter Bedarf an Führungskräften mit generalistischen Managementqualifikationen
- *eignet sich für* mittelgroße bis große Unternehmen, die mit breitem Leistungsprogramm (Produkte & Dienstleistungen) in unterschiedlichen Märkten, Marktsegmenten oder in dynamischem Umfeld agieren


- o **Matrix-/ Tensororganisation:**
  - Gleichzeitige Untergliederung *zweier Gestaltungskriterien*, z.B. Funktionen & Objekten (Einkauf & Region), oder nach 2 Objekten (Produktgruppen & Marktregion
  - Mehrliniensystem (weil von 2 Leitungsebenen Weisungen ; bei 3 Leitungsebenen = Tensororganisation)

  - **Vorteile:**
    - o gute Chance auf fachlich ausgewogene Problemlösung
    - o Aufbau spezifischer Kompetenzen bei gleichzeitiger Nutzung funktionaler Spezialisierungsvorteile
    - o Kurze Kommunikationswege
    - o Entlastung der obersten Leitungsebene von Entscheidungs- und Kontrollaufgaben im operativen Bereich
  - **Nachteile:**
    - o Gefahr von Ineffizienzen (langwierige Abstimmungsprozesse)
    - o aufwändige, unscharfe Regelung von Zuständigkeiten
    - o Tendenz zu sachlich zweitklassigen Kompromisslösungen
    - o Probleme bei der Zurechnung von Erfolg und Misserfolg
    - o Unsicherheit der Matrixschnittstellen infolge von Mehrfachunterstellungen

- *eignet sich für* Unternehmen, für die mehrere Dimensionen (Funktionen, Objekte) gleichermaßen relevant sind. Hohe Sozialkompetenz erforderlich


- **Holdingorganisation:**
  - Untergliederung nach *Objekten*, wobei die Organisationseinheiten *rechtlich selbständige* Unternehmen darstellen.
  - Einliniensystem

  - *Vorteile*:
    - Nutzung von Steuervorteilen
    - hohe strategische und strukturelle Felxibilität
    - Realisierung von Synergieeffekten (und Skaleneffekten)
    - Entlastung der obersten Leitungsebene
    - Umgehen kartellrechtlicher Kapitalbeteiligungsgrenzen (indirekte Beteiligungen)
    - Gute Haftungsbegrenzung auf rechtlich selbständige Einheiten
  - *Nachteile*:
    - hohes Konfliktpotenzial zw. Muttergesellschaft und wirtschaftlich abhängiger Tochtergesellschaft
    - Gefahr von Bürokratisierung
    - erhöhte Kosten durch rechtliche Selbstständigkeit der Tochtergesellschaften
    - eventuell nicht volle Ausnutzung von Synergie- und Skaleneffekten
  - *eignet sich für* Unternehmen, die über breites Leistungsangebot verfügen und für die die Vorteile von besonderer Bedeutung sind. Hohe Anforderung an Führungssysteme.


- 3 Leute auf einer Stelle gibt es z.B. im Schichtdienst

- Sekundärorganisation (erweiterte Formen / Ableitung der Grundformen:
  - Produktmanagement
  - Kundenmanagement
  - Funktionsmanagement
  - Projektmanagement

15

→ weil dort ein besonderes Augenmerk drauf liegt, werden diese erweiterten Formen der Aufbauorganisation eingeführt.

- Dokumentationstechniken
  - zur Darstellung aufbauorganisatorischer Sachverhalte und Zusammenhänge
  - Abbildung des Soll-Ist-Zustaned
    - Organisationseinheiten (Stellen, Abteilungen)
    - Leitungssysteme (Weisungsbefugnisse)
    - Verteilung von Aufgaben, Kompetenzen, Verantwortlichkeiten
  - Darstellungsweisen:
    - Verbal; Text (Stellenbeschreibungen, Organisationsanweisungen)
    - graphische Darstellung; Organigramme, Funktionendiagramme
    - kombinierte Darstellung aus Text und graphischen Elementen
  - Formalisierungsgrad: Umfang, mit dem organisatorische Regeln dokumentiert werden
    → hoher Formalisierungsgrad: viel wird festgehalten & dokumentiert
    → niedriger Formalisierungsgrad: wenig wird festgehalten & dokumentiert

  - **Organigramme:**
    - Vertikale Pyramidenform
    - Horizontale Pyramidenform
    - Säulenform (bei vielen einzelnen Kästchen)
    - Ringsegment (z.B. um einzelne Bereiche abzubilden)

    - Vorteile:
      - Schneller Überblick
      - leicht verständlich
      - vielseitig einsetzbar
    - Nachteile:
      - meist strak vereinfachte Darstellung
      - formale Strukturen werden nur dokumentiert & informale werden ignoriert
      - Mit zunehmendem Detaillierungsgrad höherer Aufwand

- Mit hohem Detaillierungsgrad verschlechtert sich die Übersichtlichkeit

- **Stellenbeschreibung**
  - Stellenbezeichnung
  - Ziele der Stelle
  - Aufgaben der Stelle
  - Kompetenzen des Stelleninhabers
  - Verantwortlichkeit des Stelleninhabers
  - Anforderungsprofil des Stelleninhabers

  - Vorteile:
    - gute Transparenz bzgl. Aufgaben, Kompetenzen und Verantwortlichkeiten
    - reduziert Wahrscheinlichkeit von Kompetenzkonflikten
    - vereinfacht Ausschreibung von Stellen

  - Nachteile
    - laufende Aktualisierung = hoher Aufwand
    - Gefahr der Überorganisation

- **Funktionendiagramm**
  - Vorteile:
    - kompakter Überblick über das Zusammenwirken vers. Stellen
    - leichtes Erkennen der Aufgaben- & Kompetenzüberschneidungen oder unzureichender Regelung
    - gute Verständlichkeit

  - Nachteile:
    - mit zunehmendem Detaillierungsgrad immer wie unübersichtlicher
    - Bietet in der Regel keine vollständige Aufgabenbeschreibung einer Stelle
    - keine Übersicht differenzierter Regelungen hinsichtlich der Verantwortung
    - keine Auskunft über das Vorhandensein der benötigten Fähigkeiten

- o **Organisationsanweisungen**
  - ▪ schriftl. fixierte Regelungen und Vorschriften
  - ▪ verbindlich
  - ▪ z.B. Festlegung von Normen und Organisationsbegriffen

  - ▪ Vorteile:
    - • verbesserte Verbindlichkeit schriftlicher Anweisungen
    - • bietet hohe Transparenz geltender Regelungen für Betroffene
    - • Vereinfacht aufgrund hoher Transparenz die Einarbeitung neuer Mitarbeiter

  - ▪ Nachteile:
    - • hoher Aufwand
    - • Gefahr der Überorganisation (Demotivation der Mitarbeiter)
    - • bei zunehmendem Umfang: Risiko dass Existenz und Inhalte dem Adressaten nicht bekannt sind oder nicht beachtet werden

- • <u>Ablauforganisation</u>:
  - o Regelung des Verlaufs zeitlicher und räumlicher Arbeitsvorgänge

  - o <u>Abgrenzung zwischen Aufbau und Ablauf:</u>
    - ▪ Herausforderung in der Kernaufgabe der Gestaltung einer Unternehmensorganisation: Arbeitsteilung (Differenzierung) und –vereinigung (Integration)
    - ▪ Ablauf und Aufbau müssen aufeinander abgestimmt werden
  - o <u>Prozessgestaltung :</u> Zielgerichtete Erstellung einer Leistung; Reihe von Aktivitäten die durch einen Input (Einsatz von Produktionsfaktoren) einen Output (definiertes Arbeitsergebnis) erzeugen.

    **Prozess = zielorientierte Erstellung einer Leistung, mit einem Input, der durch den Prozess zu einem Output wird.**

    - ▪ *Gründe:*
      - • Effizienz & Rentabilität
      - • Zufriedenheit von Kunden & Handelspartnern
      - • Motivation, Zufriedenheit & Gesundheit der Mitarbeiter
      - • Führung

- Standardisierte IT-Anwendungen
- Vermeidung von Bußgeld- & Schadensersatzforderungen
- *Ziele der Prozessgestaltung*:
  - Erfolgskriterium **Zeit**:
    - möglichst geringer Anteil nicht-wertschöpfender Zeiten

      Kennzahlen dafür:

    - Time-to-Market (Zeitraum von Idee bis Markteinführung)
    - Lieferfähigkeit (Fähigkeit, innerhalb der geforderten Zeiträume zu liefern)
    - Produktverfügbarkeit ist abhängig von den „Durchlaufzeiten" (Zeit von Input bis Output):
      - Bearbeitungs-/ Durchführungszeit: Umwandlung von Input zu Output

      - Transport-/ Lieferzeit: Übermittlung des Prozessergebnisses an interne Prozesskunden

      - Liegezeit: Dauer, in der das Objekt weder bearbeitet noch transportiert wird

  - Erfolgskriterium **Kosten**:
    - Art & Weise der Prozessorganisation beeinflusst Höhe & Zusammensetzung der Kosten (Herstellkosten & Prozesskosten)
    - Prozesskostenrechnung:
      - Ziel: Verteilung der Gemeinkosten
      - somit werden Kostentreiber sichtbar & es gibt die Transparenz der Prozesskosten
    - Kosten müssen ins Verhältnis zu mengen- und wertmäßigen Output-Größen gesetzt werden
    - entweder man senkt die Preise oder erhöht den Gewinn bei Kostenersparnis

  - Erfolgskriterium **Qualität**:
    - die in zahlreichen Prozessen erbrachten Leistungen sollten in zentralen,

kaufentscheidungsrelevanten Kriterien den
Qualitätserwartungen der internen und
externen Abnehmer entsprechen (z.B.
Qualitätskosten und Fehlerrate)

- Gestaltungsparameter in der Ablauforganisation:
    - Arbeitskräfte *Wer macht...?*
    - Arbeitsteilung *...was?*
    - Arbeitsfolgen *...wann?*
    - Arbeitsort *...wo?*
    - Arbeitsmethoden *...wie?*
    - Arbeitsmittel *...womit?*

    - **Arbeitskräfte**
        - wesentliche Einflussfaktoren auf Zeit, Kosten & Qualität:
            - <u>Personalkapazität</u> (wie viel, mit welchen Qualität, an welchem Einsatzort und wie lange zur Verfügung) →*quantitative Bedarfsplanung* erfolgt in FTE (full time equivalent)
            - <u>Leistungsfähigkeit</u> (Können) → durch Weiterbildungen/ Schulungen fördern
            - <u>Leistungsbereitschaft</u> (Wollen) → Intrinsische (Spaß, Interesse) und extrinsische (Geld, Macht) Motivation

    - **Arbeitsteilung**
        - *um Komplexität zu verringern & Effizienz zu steigern*
        - zentraler Ansatzpunkt zur *Effizienzsteigerung* menschl. Arbeit (Taylor; durch ständige Wiederholung wird die Leistung auch mit weniger qualifizierten Mitarbeitern gesteigert & Ford; Fließbandarbeit)
        - *Mengenteilung* (Objektprinzip)
        - *Artenteilung* (Spezialisierung/ Verrichtungsprinzip):
            - horizontale Spez.: Umfang unters. Tätigkeiten
            - vertikale Spez.: Umfang unters. Tätigkeitsebenen
        - *Job Rotation* (Arbeitsplatzwechsel): Mitarbeiter wird in allen Bereichen eingearbeitet
        - *Job Enlargement* (Arbeiterweiterung): quantitative Erweiterung; mehrere Tätigkeiten pro Arbeiter
        - *Job Enrichment* (Arbeitsbereicherung): qualitative Erweiterung; mehr Tätigkeiten aber auch mehr Verantwortung

        - geringer Tätigkeitsumfang:

            + kurze Anlernzeiten (geringe geforderte Qualifikation)

geringe Lohnkosten
relativ hohe Arbeitsgeschwindigkeit

- hoher Koordinationsaufwand
  Gefahr monotoner Arbeiten mit neg. Auswirkungen
  auf Effizienz
  Gefahr, dass sich MA nicht mit der Gesamtaufgabe
  identifiziert

- hoher Tätigkeitsumfang:

  + Gute Voraussetzung für hohe Arbeitszufriedenheit
    erhöhte Flexibilität
    fördert Eigeninitiative & persönliches Engagement

  - erfordert relativ hohe fachliche Qualifikation
    hohe Personalkosten aufgrund steigender
    Qualifikationsanforderungen

- **Arbeitsfolgen**
  - Durchlaufzeiten möglichst gering halten
  - Auslastung möglichst hoch halten
  - Prozessschritte müssen sinnvoll aneinandergereiht werden
  - Flussdiagramm gibt Transparenz über die Arbeitsabläufe

- **Arbeitsort**
  - Make-or-Buy-Entscheidung (selbermachen oder auslagern)
    - Outsourcing/ Offshore Outsourcing
      - geeignet wenn:
        - Arbeitsschritt von vglw. geringer
          strategischer Bedeutung
        - hohes Standardisierungspotenzial
    - Shared Service Center
  - Räumliche Anordnung von Arbeitsplätzen
    - Fertigungsbereich: besonders relevant (Mensch&
      Maschine)
    - Verwaltungs- & Bürobereich: weniger wichtig (EDV-
      gestützte Arbeitsabläufe)

- **Arbeitsmethode**
  - unterscheidet sich je nach Aufgabenstellung
    - Industrielle Produktion; z.B. Bearbeitungsverfahren
    - Administration; z.B. Projektplanung
  - *Standardisierung*:
    + geringe Herstellkosten
      niedrige Durchlaufzeiten (Best Practice)
      verbesserte Prozessqualität

bietet Basis für Vergleichbarkeit von
Orgaeinheiten
(Benchmarking)

- Zeit- & Kostenaufwand für Erstellung &
  Aktualisierung von Standards
  eingeschränkte Flexibilität
  eingeschränkte Kreativität der Arbeitskräfte

- o **Arbeitsmittel**
  - in der industriellen Produktion:
    - Maschinen, hochautomatisierte Maschinen
  - in der Administration:
    - Personal Computer
    - Unternehmensweite Workflow-Systeme (Intranet)
  - in der Automatisierung:
    - Selbstständige Durchführung einzelner Arbeitsschritte
      durch Maschinen
    - geeignet bei Erledigung von manuellen Tätigkeiten,
      die sehr häufig in identischer Weise durchzuführen
      sind

    → + Entlastung der Arbeitskräfte
        Reduktion von Personalkosten
        Erhöhte Arbeitsgeschwindigkeit
        Gewährleistung gleichbleibender
        Qualität

      - Investition der Sachanlagen
        Anstieg der Fixkosten
        ggf. reduzierte Flexibilität
        Gefahr der geringen Akzeptanz (z.B.
        maschinelle Ansage in der Hotline)

- Prozessorientierte Ablaufgestaltung:
  - o Zeit, Kosten & Qualität sind die wichtigsten Ziele

  - o **Prozessdefinition**
    - Prozessstruktur identifizieren (welche Prozesse gibt es?)
    - Analyse & Gestaltungsschwerpunkte finden

      → Übersicht der zentralen Unternehmensprozesse
      → Klarheit bzgl. der Analyse und Gestaltungsschwerpunkte

  - o **Prozesstransparenz**
    - detaillierte Prozessstruktur ermitteln
    - IST-Prozesse beschreiben und bewerten (Kosten, Zeit,
      Qualität anhand von Vergleichswerten bewerten)

- Schwachstellen & deren Ursachen/Wirkungen analysieren

  → detaillierte Kenntnisse der Unternehmensprozesse
  → Übersicht zur Effizienz- & Leistungsqualität der Unternehmensprozesse

- o **Prozessgestaltung**
  - Gestaltungsziele festlegen (welche Ziele sollen erreicht werden; €,t,Q)
  - Verbesserungspotenzial identifizieren
  - SOLL-Konzept entwickeln und bewerten

    → Entscheidungsfähiges Soll-Konzept

- o **Prozesseinführung**
  - Umsetzungsplan (Pilothafte Einführung, schrittweise Einführung oder schlagartige Einführung)
  - Flankierende Maßnahmen konzipieren
  - detaillierter Zeit- & Maßnahmenplan
  - Messgrößen für Umsetzungserfolg festlegen
  - Umsetzungsprozess überwachen und steuern

    → Umsetzung des Soll-Konzepts mit allen notwendigen Begleitmaßnahmen

- o **Prozessverbesserung**
  - Prozessleistung kontinuierlich ermitteln (ggf. verbessern)
    - kontinuierlicher Verbesserungsprozess (Kaizen)
    - Prozesskennzahlen (Effizienz, Ergebnis; KPIs)

      → Kenntnisse der aktuellen Prozessleistung
      → ggf. Identifikation des bestehenden Optimierungsbedarfs

Techniken zur Darstellung:

- wenig Detailinformation:
  - o Pfeildiagramm
  - o Wertstromdiagramm

  → Einsatzbereich:
  Zur Darstellung stark vereinfachter, auf Überblicksebene fokussierte Abbildung von Prozess- bzw. Wertschöpfungsketten.

- mittlerer Anteil an Detailinformationen:
  - o Prozess-Funktionendiagramm
  - o Ablaufdiagramm
  - o Swimlane-Diagramm

→ Einsatzbereich:
Zur Darstellung einfacher (Teil-) Prozesse und/oder zur Darstellung ausgewählter und wenig komplexer Aspekte von Prozessen.

- viel Detailinformation:
    - o Flussdiagramm
    - o Ereignisorientierte Prozesskette
    - o Prozessbeschreibung

→ Einsatzbereich:
Zur differenzierten (und ggf. auf spezifische Aspekte fokussierten) Darstellung auch von komplexen Prozessen.

Beispielhafte Symbole:
- ▪ abgerundetes Rechteck: Aktivität (kleinste Tätigkeit in einem Prozess)
- ▪ Kreis: Ereignis (Anfang, Ende und Zwischenereignis eines Prozesses)
- ▪ Raute: Verzweigung (bei alternativen Prozessabläufen)
- ▪ Pfeil: Verbindung (kennzeichnet die Verbindung der einzelnen Aktivitäten)

## Projektorganisation

- Projekt:
    - o zeitlich befristetes, zielorientiertes, neuartiges & komplexes Vorhaben
        - ▪ Zielorientierung: zu erreichendes Resultat wird in der Projektarbeit vorgegeben
        - ▪ Neuartigkeit: gab es vorher so noch nicht, außerhalb der Routine
        - ▪ Komplexität: hoher Schwierigkeitsgrad, laufende Abstimmung einzelner Vorgänge
        - ▪ interdisziplinäre Zusammenarbeit: Fachwissen aus vers. Bereichen
        - ▪ Begrenzung: zeitlich, inhaltlich, beschränkte finanzielle, sachliche & personelle Ressourcen

- Projektmitglieder:
    - o Projektteam: Auswahl entsprechend fachlicher (teilweise auch sozialer) Kompetenzen
    - o zeitliche Einbindung: Voll- oder Teilzeit; man ist flexibel & kann auch nachträglich noch Experten hinzuziehen
    - o Projektleiter: Verantwortlich für die Durchführung, Berichterstattung beim Auftraggeber, „Dirigent"

- Projektmanagement:
    - o Zielgerichtete Planung, Steuerung und Kontrolle von Projekten

- Kommunikation:
  o Vorteile der direkten und zeitnahen Kommunikation innerhalb des Teams nutzen
  o in Linie: Kommunikation ist klar strukturiert
  o im Projektteam: jeder redet mit jedem
    → Weg von Aufbauorga und hin zu Prozessorga → flexibler
    → offene Kommunikation

- Organisationsformen:
  o Projektausschuss:
    ▪ Vertreter aus jeder involvierten Abteilung
      → jeder hat eigene Interessen und niemand hat mehr Macht als der andere; schwere Entscheidungsfindung

  o Stabs-Projektmanagement:
    ▪ nicht weisungs- & entscheidungsbefugt
    ▪ für kurze und kleine Projekte
    ▪ zumindest informaler Einfluss des Projektmanagement

  o Matrix-Projektmanagement:
    ▪ große & lange Projekte
    ▪ Projektadministration (Stabsstelle) macht Reporting & Dokumentation
    ▪ Leitungsausschuss (Auftraggeber/ Verantwortungsträger; auch Stabsstelle) trifft Entscheidungen & überwacht Umsetzung
      → Konfliktpotenzial aufgrund Teilung der Weisungsbefugnisse

  o Reines Projektmanagement:
    ▪ Installation des Projektes in Primärorganisation
    ▪ sehr große & sehr lange Projekte
      → klare Regelungen & klare Weisungsbefugnisse
      → Konfliktpotenzial wenn vers. Projekte gleichzeitig laufen, die auf die gleichen Ressourcen zurückgreifen